AF344878

SOBRE NOCHES INFINITAS

ExLibric

YERAY ALMEIDA GUTIÉRREZ

SOBRE NOCHES INFINITAS

EXLIBRIC

ANTEQUERA 2022

YERAY ALMEIDA GUTIÉRREZ

SOBRE NOCHES INFINITAS

I

He buscado siempre ser un animal salvaje,
un animal de indómita sensualidad,
un animal furtivo e independiente
al margen de la manada,
vagando solitario en la profundidad de los bosques,
husmeando sueños de perversa lasitud.
Pero los senderos se bifurcan,
pierdo el rastro de las lindes
y los aullidos que reclamo a la luna
no encuentran el eco que los vuelve eternos.
Después de todo soy solo una efigie borrosa,
una panoplia de guante blanco,
un infausto comediante apenas recordado
por el clamor de las sonrisas que me son ajenas.

II. EL ESPEJO

Fue al huir de mi imagen
que me ahogué en el agua del espejo.
Quería contemplarme como un ser extraño,
desechado por incontinencia verbal
desde alguna estrella en fuga.
Al fin y al cabo ya viajo sin rumbo fijo,
desclavado de cualquier órbita.
Pero esa imagen devuelta,
esa imagen que vive de tu recuerdo,
anegó mi corazón desvariado
en prórrogas innumerables
del beso último que jamás te di.
Hay quien habla a mis espaldas
y me nombra espectro por la sed tus labios.

III. SENTIR SUTILES SOMBRAS

Tengo la audacia de mis pies desnudos,
la aniquilación de las nubes
en mis manos y sus dedos.
Tengo el salto del alba en mitad de la boca,
la trasnochada mansedumbre y su utopía
rescatando la historia del fuego
y la fugaz mitología de la infancia.

Guardo el delirio del último abismo
multiplicado como las olas del mar.
Conservo la sal de mi sangre rabiosa,
esfinge y mendiga de las palabras
que inunda mi conciencia de estrellas.

No sé del escrutinio de noches pasadas
ni del paraíso en llamas de tus visiones.
Sólo sé del umbral de esta hora inocente
donde anida la máscara del infinito
y puedo sentir sutiles las sombras.

IV. LA NOCHE INFINITA

Esta absurda manía de mirarme al espejo
y no verme,
de saber que soy promiscuo de mi reflejo
y no quererme,
sin piedad por mi cuerpo en sombra
que huele a soledad,
a carencia y a llanto,
al incendio de los sueños y su perfume,
al último adiós.

¿Soy acaso el único que posee este delirio?
¿Este gozo de arena y devastación?
¿Habrá quien sonría en el mismo trance
bajo la guardia de los crisantemos?

En la senda de la noche infinita,
abrazado a los dulces fantasmas
que se elevan hasta las estrellas,
me uniré a la herida del viento
y desapareceré
entre el eco de alguna frase
solamente mía.

V

De dónde proviene ese ruido de encrucijada

Se diría que la sombra tiembla en los espejos
por el hábito de cambiar.

Al terminar la tarde en un beso de menta,
pendiente del cielo revuelto en lluvia
hormiguean los corazones.

Ante mí se retuercen los caminos

Espero con ansia la noche promiscua.
Pienso cómo se estremece la carne.

Amanecer trae lágrimas y pavor.
La noche huye
tras un sueño vencido.

A ti te debo el azufre.

Por ti no me queda un mañana.

VI. Odiseo soñado

Todavía permanecen las huellas de mi infortunio
en el salitre incesante y mestizo.

Olas plegadas se arrastran lentamente
bajo rocas distintas, sobre playas ajenas.

Restos de mi naufragio se apresuran a la deriva.

Mi rumbo certero se vuelve quimera,
misterio y fuga que venda mis ojos
con la máscara de un supuesto infinito.

No alcanzo a saber de la noche en vela,
desmadejando en ruinas la pelambre de los días.

Lejos de tensar el arco,
me remuerden los cantos de sirena.

VII. TÓTEM

Me siento capaz de apuñalar la extensión del alba,
de creerme la presencia de su sed,
de atrapar incluso el incesante color de la luna.
Todavía sumido en las alas del sueño
venero su cuerpo yaciente,
su cuerpo animal que contiene el calor de mil soles.
¡Tantas veces lo había caminado con mi boca!
Pero aún duele el recuerdo de sólo mirarla,
recuerdo enterrado como el llanto
de una infancia marchita.
Al arrullo de las palmeras que surcan el cielo,
escucho el eco de su voz oscura
lloviendo bajo las sábanas de arena,
donde reposan la divina cabeza
y la frente perlada de misterio.
La noche en su descenso nos regala
un sabor de viento y de rosa,
gemidos de un indecente amanecer.
En la orilla reposan, a los pies de la cama,
las ofrendas de humo, carne y sangre,
sacrificio de mi propia vida
para que, en un instante,
ella siquiera me recuerde.

VIII. Tibicena

A lomos de lava y humo
y de ojos que sopesan la noche,
llega una fragancia de pinar hambriento
después de un verano totalmente calcinado.
En mis manos de bruma y ardor de barranco
acojo la silueta de tu caprichosa figura,
eterna y abismal,
promesa de unos labios de marea creciente.
No determino si eres océano o mujer,
acaso seas la dama del Atlántico,
acaso tampoco eres del todo mujer,
más bien leyenda o mito,
historia prehispánica nunca relatada,
jamás escrita en crónicas de conquista.
Si caigo hoy bajo el influjo de tus ojos color sangre,
esos ojos de fulgor carmesí,
fulgor perruno que sobresale de las sombras
para darme a conocer el infierno de no adorarte,
seré ofrendado por voluntad impropia.
Exorcizar el cataclismo de tu voz
formará parte de mi condena
al no ser maldecido con tu presencia
una segunda vez.

IX. Hormigas negras

Ellas invaden mi boca abierta,
saben que soy carne de lápida,
inquilino de un anunciado suicidio.

Conocen la oscuridad
que tiembla en el fondo de mis ojos.
Han notado que mi corazón
es de latido breve
y no le queda amor por el que sonrojarse.

Ellas serán las únicas
que con mi último aliento
ocuparán toda mi boca,
como un bullicio de noche crispada.

X

A veces un café,
un humo de cigarrillo
y un desalojo de las miradas.
Tus manos de entrelazados dedos
que deseo atrapar
en un murmullo orgulloso.
A veces la marca de tus labios pintados
en una servilleta de papel,
tus pies robando pesares
en sandalias de verano.
A veces el sonido de la lluvia
cayendo a ciegas por las calles,
tus ojos de ardiente lumbre
traspasando el infinito
y tus labios abiertos en flor de carmín
para sonreír mis palabras.
A veces…
A veces te recuerdo siempre.

XI. DEL VIENTO Y LAS ESTRELLAS

Alguna vez escuché hablar a las estrellas,
las oí con sus voces celestes
de humeantes susurros.
Conversaban en un idioma cósmico
y expandido.
Me contaban de asuntos estelares,
de brillantes despedidas
y caídas fugaces
bajo el recuento de ojos niños.

En otra ocasión fue el viento
quien acudió a mí y habló de sus cuitas.
Narró sus ansias de encrespar el mar
con su potente voz eólica, aullando,
silbando torbellinos,
empujando tormentas más allá del alba.
Me describió entre resoplidos
su carácter frío,
su temperamento cálido,
y me pidió, con ruegos de brisa inquieta,
que anotara sus pellizcos voraces
a las nubes.

XII. ESPEJISMO

Por las noches nacen sueños,
sueños que se convierten en espejismos
y duermen en un pañuelo de agua.
El agua se hace espejismo de la noche,
la noche un pañuelo abierto
a una playa de estrellas,
donde, entre las olas, se oculta toda mi angustia.
Esas olas consumen las paredes del amanecer.
De ellas nacerán lágrimas inválidas
para crear la extensa mañana
que florece en la caída
de un abismo de cartón.

XIII

Al cabo de la calle
donde la vieja fuente
resopla torbellinos de sombra,
donde la tarde,
incubando racimos de estrella,
se estira como la silueta de un gato,
un gato sombra,
un gato silencio,
un gato noche.

Al cabo de la calle
sobre un desquicio de baldosas,
sobre una feria de adoquines,
espero en vano
que te asomes a mi verso,
al abismo de su tormenta
y no me dejes marchar
sin ti
al exilio.

XIV. Llovizna

Veo suicidarse las gotas de lluvia
a través de la ventana.
El paisaje se muestra borroso,
lloroso y arrugado
como un lejano recuerdo.
Mis retinas paladean el agua
que resbala por el cristal,
retienen un dolor algo ajeno,
un rastro de perfume fugado
con el tiempo.
Afuera, la bruma se insinúa salvaje,
como un gato que no se deja acariciar.
Una bestia de fauces abiertas,
un lobo de lluvia,
amenaza con difuminar mi existencia
pero no se acerca.
Inmóvil,
aguarda con cautela su momento,
su oportunidad de atraparme.
Yo espero inseguro
la salvación que ha de llegar
cuando recuerde el significado de tu nombre.

XV

La noche es como un beso infinito,
uno de esos besos a oscuras,
donde los ojos permanecen cerrados
y los labios sienten el rumor
del terciopelo negro.
Su maldición es la fugacidad,
aunque parezca un eterno renacer de labios.
Los ojos se abren de amanecer fortuito
y los latidos del pecho dejan de sincronizar.
Aparece el sol.
Orgulloso de su poder,
desbarata sin piedad ese momento
asfixiando las sombras.
Quisiera romperme en pedazos
tras ese momento,
estallar como un vaso de cristal
y sentir el abrazo de tus dedos
cuando recojas cada trocito mío.

XVI. CRISÁLIDA

Me voy a embriagar con el perfil de tus labios.
Al atardecer,
cuando el ocaso se vista de noche excitada
esperando las estrellas
y la sonrisa de sus cuerpos celestes.
En ese momento certero, preciso,
momento de sombra virgen,
instante fugaz de genuflexión
en el que vivir ardiendo
hasta que el sol rompa sus cadenas.

Una vez tenga la boca embotada de tu sabor
a selva perfumada y salvaje,
el olfato lleno de tu aroma agreste y escarpado
y el roce de tu cuerpo suntuoso en mis manos,
morir extinguido será el precio a pagar
al ser mariposa de fuego
sin vuelo ni crisálida.

XVII. Sonambulando

No me despiertes ahora,
deja que vague soñando
con la imaginación desbordante,
quizás así te encuentre de nuevo.

Deja que la luz de esta inquieta luna
soliviante mi apariencia,
me disfrace de fantasma perdurable
y sin cadena.

Deja, ¡déjame!
Arrastro los pies hacia la calle
con mis ojos ciegos
abiertos al encuentro
de una mirada tuya.

XVIII. SON TUS OJOS

He de averiguar
quién te impuso el color
de esos ojos que me traspasan.
Son ojos de noche azul,
de vagancia de sol tardío,
son licor de mar profundo,
de olas carnosas
y brisa de flotante espuma.

No sé a qué viene tu boca,
son tus ojos los que besan
con la lengua de sus pestañas
y una sonrisa de iris prohibido.

XIX. ELLA

Ella aletea sobre las olas partidas.
Ella husmea los escondites de mi infancia.
Ella me consume con su mirada de fuego.
Ella me sopla vientos desiguales,
me hace concha y rumor de marea.
Ella me habla en sueños
con sus labios de opio,
con su lengua de orquídea
Ella me recicla del desastre
usurpando mi cuerpo, que ya no me pertenece.

XX. Infinito

Dos niños dormidos
sueñan y se dejan timar
por el rostro de un paisaje de volcanes.
El ocaso exige plantar cruces alzadas
en mitad de un cielo parlante.
Allá a lo lejos,
entre nubes imaginadas,
el mar muere ahogado de arena.
La nieve de los siglos
llega con las ansias de mujer perdida
entre la hierba de los cementerios;
una mujer de corazón espinado
buscando la luz que equivoca el camino
y los gemidos de su encrucijada.
Desde aquí he visto llorar las fuentes de cristal
enterradas en las fosas de una noche perfecta.
He visto un vacío de guitarra y su angustia feroz
al sentirse insonora.
He visto ojos desvariados esperando la resurrección
de un amanecer infinito.
No he visto
ni quedan huellas de agua resbalada
por las que seguir el rastro de tus pupilas.

XXI. Estigia

Errantes sombras en ausencia de óbolo
acercan sus penas a la orilla,
con pasos gimientes de rocío enlutado
y horas baldías.
Se van apagando en la deriva
de noches negras,
sin atavíos de luna fresca.
Sus pupilas mueren limadas
como pequeñas semillas de manzana.
Siguen su curso río abajo
imaginando extintas proezas,
recitando antiguas plegarias de aluminio;
han olvidado los pasos de la risa
y el amanecer en las pirámides del alba.
Los quejidos que exhalan son rumores fríos,
una brisa de largos remos
que escapa por arrugadas madrigueras.

XXII. Capitán sin mar

Una fatiga de hojalata
corrompe los corazones valientes.
Bajo una luz de nostalgia
se venden baratas las miradas tristes.
A veces se escucha el llanto de los bosques
esperando en la sombra de los portales.
Cada puerta abierta
es un mar de alquiler.
Veo agitarse el viento en las aletas
de los peces,
donde el viejo marinero
intenta surcar el asfalto
sin mirar las estrellas que viven
en tu boca.
Es cosa del ancho mar,
que tiene un aire de eterna prisión
y su locura es la vejez del mundo.
Todo capitán de larga eslora
naufraga en los surcos de los jardines.
Cansado ya hace tiempo,
sembró sus anclas de hueso
sobre la tierra que sueña vivir
sin agua.

XXIII. Interiores

I

Miento el espejo,
espejo maldito,
reflejo del monstruo
en el umbral de la memoria.
Escapar del antiguo yo que fui
es tarea del viento,
del olvido,
del tiempo…

II

Retales.
Imágenes de cenizas
de un espejo incendiado.
Palabras asfixiadas
en el tormento de la ausencia.
Son retales, sí,
pedazos de memoria calcinada.

III

Oculto bajo las faldas de la nieve fría
muere el perfume de los animales salvajes.
Abandonados en silencio,

varados en el paso del tiempo,
todavía resuenan en la noche eterna
quemando mi corazón
con el atavío de la sangre propia.

IV

Animal salvaje
ardiendo en las periferias,
capturado en las fronteras
inútiles
donde anida el miedo,
y la luz
se consume domesticada.

XXIV. CALIBÁN

Tengo algo de salvaje y primitivo,
de rebelde,
proclive a la fuga de los embustes,
a remar contra la corriente,
aunque me ahogue de espasmo y delirio
como un pez volador sin superficie.

Soy criminal y caníbal,
viviendo una vespertina locura
en el destierro mediático
donde residen mi fama,
mi influencia
y las ganas de devorarte.

Vivo de lo material y de mi olfato.
No me gusta el perfume de isla,
a no ser que se desangre perdida
en medio de un mar de caos.
Me proclamo víctima de la injusticia
que no me deja amarte con sangre
y fuego de cadera.

Habito en un cuerpo deforme
con alas de ceniza,
ocupo más de una plaza
en el infierno de Dante.

La muerte no se atreve
a recibir mi visita,
porque sabe que soy el dueño
de su guadaña;
ha de pagarme tributo,
aunque no le guste dejarme vivir muriendo.

XXV. La muerte de Clío

Hay crecientes torres de madriguera,
y en su interior la cosmética del silencio
queriendo desfallecer de miedo.

Lápidas de la memoria
erigen su piedra sin fecha,
sin nombre,
rastros borrados de un futuro
ajeno a las costumbres.

La ignorancia se ha hecho veneno,
se arrastra como serpiente de caos,
tan irreverente,
tan sumamente engreída,
que a todos consume,
de todo se alimenta,
incluso del mismo odio;
del odio y del suicidio de las musas
y de Clío,
a la que corrompió e hizo prisionera.

XXVI. VÉRTIGO

Un camino oscuro,
abierto en una noche larga,
un camino inseguro, irreal,
ferviente de ciudad sucia,
ciudad amarga de trastos volubles
y quimeras de humo y alambre.
En el horizonte negras nubes se arremolinan,
nubes azabaches con alma de espanto.
Nubes de miseria que mi descanso amenazan.
No estoy hecho para vivir así,
al borde del abismo,
enfrentado a la caricia del viento
mientras balanceo los pies
hacia el vacío que espera mi caída.
Existo en un tiempo equivocado,
en un siglo extinto
de cromatismo inseguro,
de sueños bordados a una piel ajena,
dentro de un cuerpo que se dirige
hacia la eterna muerte.

XXVII. MÁSCARAS

No hay lugar seguro.
Siento que vivo vigilado
en un ambiente de pecera estancada.
Las máscaras difuminan la memoria,
equivocan su rostro
y lo redimen de la culpa.
Tampoco yo soy puro totalmente.
Me visto de silencio para no herirte.
Maquillo los perjuicios del alma,
así no tendrás que sufrir mi condena.
Me transfiguro por el arrullo
de mi propio calvario
para presentarme ante tus ojos
de flamante luz.
Oculto mi rabia en el sondeo de las olas,
aun sabiendo que siempre flotan
y pronto recalarán en tu orilla.
Mi máscara es mi castigo,
mi áspera tesis de licenciado
en recordar tu nombre,
en recitarlo como un mantra y salvarme.
Quizá pueda seguir viviendo
si tu recuerdo ampara mi redención.

XXVIII. RENDIJAS

Hay una pena de huellas partidas
y un cielo apagado en mis ojos.
En la boca tiemblan las palabras
como un pequeño mar de viento.
Fruncidas olas acarician las rocas de la mañana.

Un clamor de marea hambrienta
conserva el polvo de un viejo baúl
donde vivían criaturas celestes,
donde residían las urdidas manos
de un jardín de butacas
y las volteretas de un eclipse
en el interior de un vaso de cristal.

Ahora me ataca la cicuta del sueño.
Ahora me sobrevive el baile de lágrimas
de cebollas cortadas sin piedad;
las flores dañadas no tienen cuerpo,
solo un olor de ocasiones perdidas.

El viento se niega a contar sus historias.
Desnudo en la épica de su regreso,
va rompiendo el coral de las nubes vacías
desde un amanecer ilustre.

XXIX. ESTAMBRE

El horizonte registra la marca del mundo.

Suenan pasos prohibidos
a través del descanso de sus perfiles.

Los niños perdidos buscan comida en las estrellas,
que se apagan con un soplo permanente.
Viven descalzos en oscuras ciénagas
imaginando proezas seniles en las azoteas.

El avispero de las ventanas multiplica sus aguijones
en esta hora incierta.

Los niños perdidos tiemblan
ante las esquinas del viento,
buscan un rastro de sepia por las escaleras,
devorados por el ansia de las manos propias
desaparecen
mientras aguardan la llegada de vegetales sombras.

El demonio de la luna llena
vaga ahora entre los cuartos y los desvanes
que permanecen vacíos.

XXX. MI VOZ ESCRITA

Mi voz escrita es un eco reverberante,
suspiro de caballo al galope
pisoteando sin piedad mansas olas azules.
Por la arena dulce quedan sus huellas
repartidas al unísono
al igual que pequeñas lagunas.

Mi voz escrita
tiene la eterna lumbre de las viejas fotos,
un responso de palabras marchitas
que recuerdan aquellos de memoria larga
en humeantes suburbios de adoquín,
ancianos de otras épocas
fraguados bajo las mesas de los bares.

Mi voz escrita
es un perfume de plata encinta.
Se esconde entre las cumbres
donde brilla el apetito de los ríos ya secos.
En esos cauces se guarda el recuerdo
del agua simple
y se ahogan huérfanos los años.

Mi voz escrita
es a veces la destrucción del poeta
ante el asalto de sus almenas.

El silencio es una dinastía olvidada,
una rosa herida de muerte
que sangra derrotada y vencida
en los almacenes del alba oscura.

XXXI. Cien años

Unos pocos días en cadena
con las cerraduras socavando
todas y cada una de las puertas;
tan solo unos pocos días
que funcionan como cien años,
que perduran todo un siglo
de luces extremas
y pálpitos en el corazón.
Cien años de austera soledad,
cien largos años,
sombra de unos pocos días.

XXXII. Opiacidad

Mis ojos negros
maúllan de soledad
son perfume de noche enlutada.
Mis ojos a veces grandes
pozos en sombra de estrellas.
Mis ojos a veces pequeños
imaginarias rendijas de exquisita lumbre.
Mis ojos redondos
trozos de infinito disimulado.
Mis ojos cuando brillan
pulida fiebre de amanecer.
Mis ojos sensibles
tibia euforia de sol melancólico.
Mis ojos ingenuos
pétalos de mar intangible.
Mis ojos tristes
besos de fuego sometido.
Mis ojos, siempre mis ojos.
Mis ojos tristes y negros
ya ni siquiera te piensan.

XXXIII. CUANDO EL CIELO ROJO

En aquella hora de la tarde,
ciruelas de alterne morían de asfixia
por la presión de afilados dedos de bambú.
El sol, tan solo un filamento desgreñado,
destacaba su expresión golosa
como una *geisha* del desierto
entre la calima que flotaba ceñuda.
Las horas se detuvieron un segundo de eternidad
cuando me vieron pasear destilando el humo
del cigarrillo acostado en mis dedos.
Fue entonces cuando el cielo se desangró
en sombras de escarlata,
cuando asumió el coste de su ardiente suicidio
mientras la arena se disfrazaba de niebla
ocultando la ciudad a los ojos de la noche.
Aplasté el cigarrillo en el suelo ansioso
y rescaté tu imagen de mis sueños
para extraviarte sin pausa entre el arrullo
de la arena en calma.

XXXIV. Noches de hotel

Tres de la madrugada.
Cimbrea la luz de las habitaciones.
Yo, vestido de hastío y corbata mustia.
El hambre rebusca en mi estómago
con aires de sabor a ron añejo.
Soy el único culpable de mi obsesión
por las morenas.
Te vi llegar con aroma de chocolate en especia,
me regalaste el hueco de tus manos abiertas
de uñas pintadas a piel de noche.
Luego, demasiado pronto quizá, te fugaste.
Las manecillas del reloj se negaban a avanzar,
tan tercas, tan obtusas.
Quedó tu perfume consumiendo el *hall,*
fue entonces que me enamoré de tu ausencia.
¡Cuándo demonios serán las ocho de la mañana!
Deseo ver el amanecer, volver a mi casa,
a la cama y su refugio nuclear,
y soñarte mil veces
hasta que caiga de nuevo la noche.

XXXV. Défense de fumer

El cisne de Bukowski murió en domingo.
El último domingo por la tarde
violaron a destiempo mi inocente mirada casual,
culpable de toda una hetaira de labios carnosos
devorando pasiones de fresa y chocolate.
De Toledo llegaron enigmas sobre la mesa
del rey Salomón. Un gato se perfilaba
en los escalones de la biblioteca,
su largo pelo era un soplo de noche cercana.
Al oído me susurraron ocasiones de limón,
una mirada azul, tentaciones de humo
y sonrisas de anuncio.
El gato me sonrió a la manera de Cheshire,
maullaba canciones de holandés errante
a la estatua de la plaza que, en su blanca altivez,
recuerda amores de cabaret y triunfo etílico.
Bukowski sabe que en primavera mueren los cisnes.
«Está prohibido fumar en pareja», decía la pintada.
La hizo sobre una de las ranas de la fuente
un loco italiano que sólo hablaba francés.
Desde entonces a su lado me siento
cada tarde de domingo, espero que Charles B.
acaricie el gato de la biblioteca mientras oigo
al transalpino repetir entre dientes «défense de fumer».

XXXVI. UNA TARDE CUALQUIERA

A puñados se enrosca el viento,
no tiene vergüenza de su empuje,
cree ser del cielo dueño absoluto.
Bajo las palmeras que sacuden su melena
arrastro la vaguedad de mi sombra,
busco un pretérito de sol,
un auspicio de tarde encallada,
tarde de domingo,
lenta, indisoluble, casi infinita.
Arrecia ahora el viento con más brío,
ecléctico y hambriento.
Las palmeras desprenden una catarsis
de támbara explosiva,
ardiente y procaz.
Mi sombra se ha rendido en la arena,
no aguanta cubrirme las espaldas,
hace tiempo que sueña con otra vida,
una que la acerque más a ti,
yo soy el último mohicano
que te suspira cada tarde.

XXXVII

De qué vale colgar las perchas así, al viento,
simulando madrigueras de locura
mientras la lluvia, un tanto casquivana,
se diluye como el azúcar en el café, sensualmente.
¡Que no pasen las horas, que no pasen!
Tengo que morir inevitablemente
con el sabor de tus labios en mi boca.
¡Que no pasen las horas!
¡Que no se acabe el día!
La sombra de tu mirada
descorrió las cortinas del mar.
Fue la sal, fue la bruma
y las olas en su rugido
quienes, celosas de tu misterio,
decidieron emigrar sin equipaje y sin rumbo;
nosotros nos dejamos llevar a la deriva,
tu piel entre mis sonoras manos.

XXXVIII. Todo es mar

Todo, absolutamente todo,
sabe y huele a mar,
incluso tú.
Eres el pan y la sal de los misterios,
sal que fecunda la bahía
de mis ojos tristes,
de mis ojos cansados.
Cuando recuerdo el sonido de tu nombre,
mi boca se despereza con sabor
a oleaje,
con ganas de besar la espuma
y comer salitre,
deglutir el yodo, masticar la arena
varando los sueños en cualquier playa
perdida.
Al son de las gaviotas partidas en sombra,
con la luz de faro aislado
guiando mi camino
hacia las rocas de mi naufragio me moveré,
para encallar a tu lado
la proa de mi rumbo.

XXXIX. PERSÉFONE

Idolatro los caminos del amplio submundo.
Mi alma, jamás dichosa, rinde pleitesía
a los aranceles de la muerte.
Inmerso en un vanidoso juego
con olor a semejante eternidad.
Mucho antes de quebrantar tu espacio
era espectro de mi propio infierno rebelde.
Si lo deseo puedo ser conmovedor,
incluso paladear elegías que corroboren tu existencia.
Pero tengo sangre homérica, cardíaca mitología;
cada noche lucho contra las ansias
de descoser el alma,
cada mañana me abruma la idea
de remendar mis deseos.
Déjame aquí, ataviado de Estigia,
pues deseo ser fantasma, sombra de laguna
y leyenda versada de un amor perdido.

XL. En pausa

Sosegado silencio,
desato mi hábito de ceniza inquieta,
ingrávido me despojo, me detengo,
sacudo los pétalos de mi memoria,
oleaje fugaz de mar que se encoge furioso.
Divino mártir, precursor de sombras
y perfiles de triste figura.
Desnudo en cuerpo,
desfigurado en alma,
detenido en tiempo,
desocupado en espacio.
Ante ti me represento en pequeños detalles,
único y valioso tesoro que puedo regalar.
Ruégame por ser espectro de tu callada cintura,
remanso de locura para acompañarte
durante más de una eternidad.

XLI. NO HAY MAR EN CALMA

Entre las rocas se abate el mar.
Se le escucha resoplar como un enorme fuelle.
Sus tristes y malogradas corrientes
conspiran en un reflejo de profundidades
completamente aisladas.
Galopa a lomos del fuerte viento
como un caballo arrojado al vacío.
En su húmeda agonía se agita violento
como un animal a punto de morir.
Al ocaso, su panales de sal y espuma
ruegan por la salvación de sus criaturas serviles.

XLII. Siluetas

Sobre la alfombra jugaba
el sol de la tarde.
Yo sufría un momento de bajón,
tan solo un minutito;
por convicción de perder siempre
me deshojaba entero.
El teléfono se empeñaba en no sonar
y tu promesa se disfrazaba
de viento y arena
para escapar entre los dedos.
Un tenue maullido se insinuó desde la ventana,
una silueta de sombra felina,
cola torcida y cuerpito a rayas.
Cuando despareció el sol,
la alfombra se tiñó de ronroneos,
el teléfono continuó callado, obtuso,
mudo, fruncido, estoico.
Tu promesa siguió siendo una promesa,
una promesa sin cumplir,
infusión de anhelo y de sueño.
La noche se llenó de un rumor
a rascador de pasillo,
se volvió paraíso
y eso ya fue suficiente.

XLIII. En la paz profunda (quise ser Machado)

Caminaba la tarde mansamente
hacia el columpio dorado del ocaso,
era como una sonrisa de fuego
que iluminaba las márgenes del mar.
Detrás de los maizales sonaba,
bajo las ramas oscuras,
el jovial decibelio de las ranas
diluido al son del agua soñolienta.
Las abejas, como espinas vanidosas,
danzaban en torno a las flores haciendo eco
a los pasos de este crepúsculo solitario.
Por los brazos de las acequias
el agua se coronaba sobre colinas de piedra,
el aire moribundo
devanaba el camino polvoriento
y sonaban campanas de oro
junto al caer del agua.
Hacia el pueblo volvía andando el camino,
me detuve a contemplar en ese momento
el alma dormida, la paz inmensa
que iluminaba un suspiro,
una flor de estrellas
mientras, reposada y amplia, caía la noche.

XLIV. Nivaria

Te he de buscar en las cumbres proscritas
y en los cauces de las noches que arden.
He de encontrar tu piel nevada,
tu vestido de volcán apagado,
tus sandalias de mar perpetuo,
tus barrancos y tus cumbres,
precipicio continuo donde tu nombre
es el eco de historias antiguas.
Un sueño destapado, fulgor de eclipse,
ruge desde el atribulado mar,
ruge con su melena de sal cósmica,
ruge plegarias de conocerte al viento,
ruge moribundo en pos de la fecunda orilla
que es remanso de tus pies de oro.
En la lejanía percibo tu figura emergida,
el remonte de los soles por tus entrañas,
un interminable olor a tierra mojada
y furiosos gemidos de creación,
gemidos de amparo a mis noches sin luna.

Índice

Sobre el autor

Yeray Naga Almeida Gutiérrez (Las Palmas de Gran Canaria, 1977) es licenciado en Historia por la ULPGC. Desde muy joven el pulso de la poesía ha corrido por sus venas. Sus primeros versos los dedicaba a las compañeras del colegio. En mayo de 2020 vio la luz su primer libro de poemas, *Profundo mar flotante*. Ahora ha decidido publicar este segundo libro, porque la poesía sigue siendo la mejor manera que tiene de expresarse y de afrontar el mundo.

www.ingramcontent.com/pod-product-compliance
Lightning Source LLC
LaVergne TN
LVHW041236200726
843507LV00013B/2706